AF220377

Impressum
Verlag: BABADADA GmbH, Nedderfeld 112 , 22529 Hamburg
Geschäftsführer / Verlagsleitung: Harald Hof
Druck: Books on Demand GmbH, In de Tarpen 42, 22848 Norderstedt

Imprint
Publisher: BABADADA GmbH, Nedderfeld 112 , 22529 Hamburg, Germany
Managing Director / Publishing direction: Harald Hof
Print: Books on Demand GmbH, In de Tarpen 42, 22848 Norderstedt, Germany

المدرسة

学校

القسم
教室
يقسم
割り算
186/2
اللوح
黒板
المعلم
教師
ورقة
紙
يكتب
書く
القلم
ペン
طاولة المكتب
事務机
المسطرة
定規
الكتاب
本
التلميذ
生徒

الحقيبة المدرسية

ランドセル

المقلمة

筆入れ

قلم الرصاص

鉛筆

البرّاية

鉛筆削り

الممحاة

消しゴム

دفتر الرسم

スケッチブック

2

الرسمة

スケッチ

الفرشاة

絵筆

علبة التلوين

絵の具箱

المقص

はさみ

المادة اللاصقة

接着剤

دفتر التمارين

練習帳

الواجب المدرسي

宿題

12

الرقم

数

2+2

يجمع

足し算

5-2

يطرح

引き算

2×2

يضرب

かけ算

يحسب

計算する

A

الحرف

文字

ABCDEFG
HIJKLMN
OPQRSTU
VWXYZ

الأبجدية

アルファベット

hello

كلمة

単語

النص

テキスト

يقرأ

読む

الطبشور

チョーク

الحصة

授業

دفتر الدوام المدرسي

学級日誌

الامتحان

試験

شهادة

通知表

اللباس المدرسي

制服

التعليم

教育

الموسوعة

百科事典

الجامعة

大学

المجهر

顕微鏡

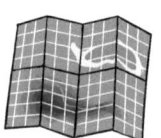

الخريطة

地図

قماما

ごみ箱

Grand
فندق
ホテル
بيت الشباب
ホステル
ROOMS
EXCHANGE
مكتب صرافة
両替所
حقيبة
スーツケース
سيارة
自動車

اللغة
言語

نعم / لا
はい / いいえ

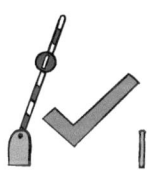

حسناً
問題ない

مرحباً
ハロー

مترجم
翻訳者

شكراً
ありがとう

كم ثمن ... ؟
....
...はいくらですか？

لا أفهم
....
わかりません

مشكلة
....
問題

مساء الخير
....
こんばんは！

صباح الخير!
....
おはようございます！

ليلة سعيدة
....
おやすみなさい！

إلى اللقاء
....
さようなら

اتجاه
....
方向

أمتعة السفر
....
手荷物

حقيبة
....
バッグ

حقيبة ظهر
....
リュックサック

ضيف
....
お客様

غرفة
....
部屋

كيس للنوم
....
寝袋

خيمة
....
テント

استعلامات سياحية

旅行者情報

شاطئ

ビーチ

بطاقة ائتمان

クレジットカード

إفطار

朝食

طعام الغداء

昼食

العشاء

夕食

بطاقة سفر

チケット

مصعد

エレベーター

طابع بريدي

スタンプ

حدود

境界

الجمارك

税関

سفارة

大使館

تأشيرة

ビザ

جواز سفر

パスポート

نقل

輸送

طائرة
飛行機
سفينة
船
سيارة إطفاء
消防車
حافلة
バス
سيارة شاحنة
トラック
زورق آلي
モーターボート
سيارة
自動車
درّاجة
自転車

عبارة

フェリー

قارب

ボート

دراجة نارية

バイク

سيارة شرطة

パトカー

سيارة سباق

レーシングカー

سيارة مستأجرة

レンタカー

أسلوب تشاركي في استئجار السيارات

カーシェアリング

سيارة للجر

レッカー車

سيارة نقل القمامة

ごみ収集車

محرك

モーター

وقود

燃料

محطة وقود

ガソリンスタンド

إشارة مرور

交通標識

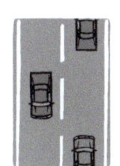

حركة السير

交通

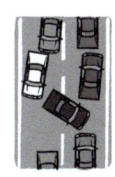

ازدحام سير

渋滞

موقف سيارات

駐車場

محطة قطار

駅

سكك حديدية

道

قطار

列車

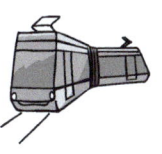

ترام

路面電車

عربة قطار

車両

طائرة مروحية
ヘリコプター

مطار
空港

برج
タワー

مسافر
乗客

حاوية
コンテナ

علبة كرتون
段ボール箱

عربة يد
カート

سلة
カゴ

يقلع / يهبط
離陸 / 着陸

مدينة
都市

قرية
村

مركز المدينة
都心

بيت
家

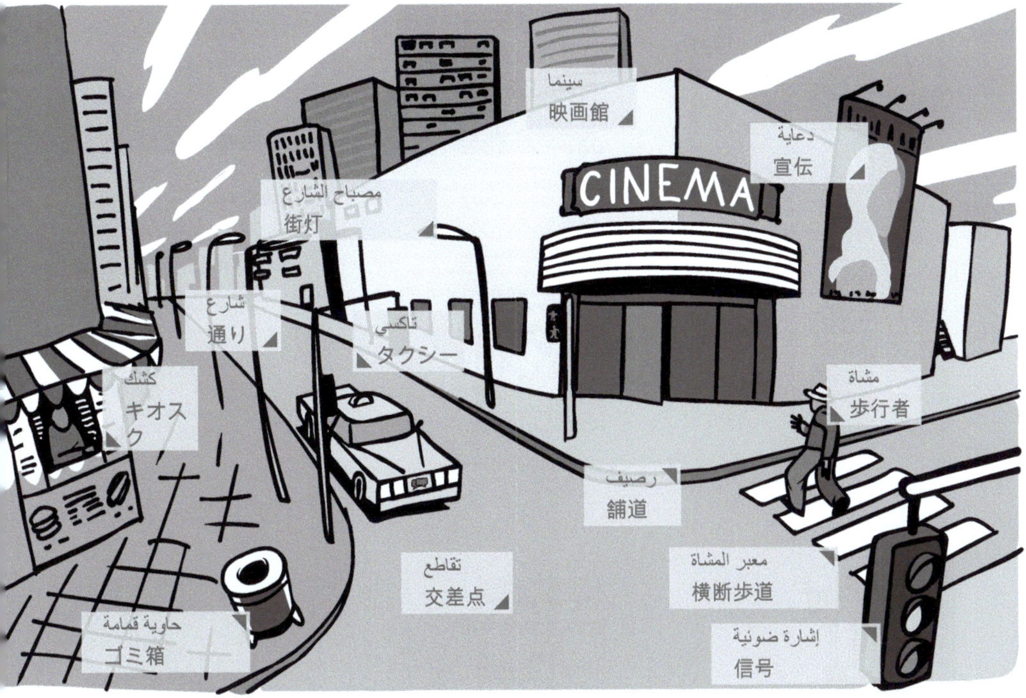
CINEMA
سينما
映画館
دعاية
宣伝
مصباح الشارع
街灯
شارع
通り
تاكسي
タクシー
كشك
キオスク
مشاة
歩行者
رصيف
舗道
تقاطع
交差点
معبر المشاة
横断歩道
حاوية قمامة
ゴミ箱
إشارة ضوئية
信号

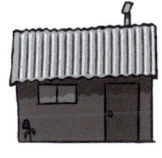

كوخ

小屋

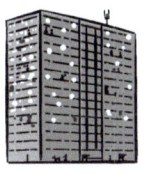

شقة

アパート

محطة قطار

駅

دار البلدية

市役所

MUSEUM

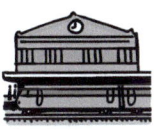

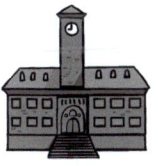

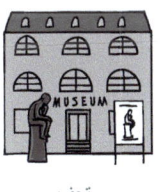

متحف

美術館

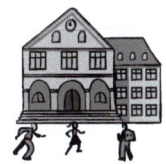

المدرسة

学校

الجامعة

大学

مصرف

銀行

المستشفى

病院

فندق

ホテル

صيدلية

薬局

مكتب

オフィス

مكتبة

書店

متجر

ショップ

محل لبيع الزهور

花屋

سوبرماركت

スーパーマーケット

سوق

市場

متجر كبير

デパート

تاجر السمك

魚屋

مركز تسوّق

ショッピングセンター

ميناء

港

حديقة عامة

公園

مقعد

ベンチ

جسر

橋

درج، سلم

階段

مترو

地下鉄

نفق

トンネル

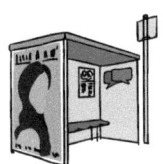

موقف حافلات

バス停

بار

バー

مطعم

レストラン

صندوق البريد

ポスト

لافتة باسم الشارع

道路標識

مقياس زمن الوقوف

パーキングメーター

حديقة حيوانات

動物園

مسبح

スイミングプール

مسجد

モスク

مزرعة

農場

تلوث البيئة

汚染

مقبرة

墓地

كنيسة

教会

ملعب الأطفال

遊び場

معبد

寺

طبيعة ريفية

風景

ورقة
葉

علامة ارشاد
道標

طريق
道

مرج
草地

حجر
石

شجرة
木

رحالة
ハイカー

نهر
川

عشب
草

زهرة
花

وادٍ

谷

جبل

山

بحيرة

湖

غابة

森

صحراء

砂漠

بركان

火山

قلعة

城

قوس قزح

虹

فِطر

キノコ

نخلة

ヤシの木

بعوض

蚊

ذبّانة

ハエ

نملة

蟻

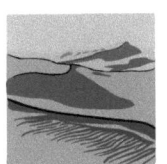

نحلة

ミツバチ

عنكبوت

クモ

خنفساء

カブトムシ

ضفدعة

蛙

سنجاب

リス

قنفذ

ハリネズミ

أرنب

ウサギ

بومة

フクロウ

عصفور

鳥

بجعة

白鳥

خنزير برّي

雄豚

غزال

鹿

إلكة

ヘラジカ

سد

ダム

دولاب الطاحونة الهوائية

風力タービン

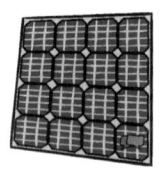

خلية شمسية

ソーラーパネル

مناخ

気候

مطعم

レストラン

نادل
ウェイター
لائحة الطعام
メニュー
كرسي
椅子
حساء
بيتزا
ピザ
غطاء المائدة
テーブルクロス
أدوات المائدة
刃物類

مقبلات

前菜

الصحن الرئيسي

メインコース

حلوى أو فاكهة بعد الطعام

デザート

مشروبات

飲み物

طعام

食べ物

زجاجة

ボトル

وجبات سريعة

ファストフード

طعام الشارع

屋台の食べ物

إبريق الشاي

ティーポット

علبة السكر

砂糖入れ

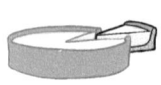

حصّة

一人前

آلة الإسبريسو

エスプレッソマシン

كرسي عالٍ

幼児用食事椅子

فاتورة

請求書

صينية

トレー

سكين

ナイフ

شوكة

フォーク

ملعقة

スプーン

ملعقة الشاي

ティースプーン

منديل المائدة

ナプキン

كأس

グラス

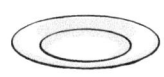

صحن

皿

صحن الحساء

スープ皿

صحن الفنجان

受け皿

صلصة

ソース

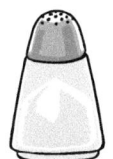

مملحة

塩入れ

مطحنة الفلفل

ペッパーミル

خلّ

酢

زيت الطعام

油

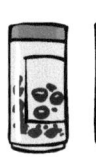

توابل

スパイス

كتشاب

ケチャップ

خردل

マスタード

مايونيز

マヨネーズ

سوبرماركت

スーパーマーケット

عرض خاص
特価品
زبون
顧客
مشتقات الحليب
乳製品
FOR
فواكه
果物
عربة تسوّق

جزّار

肉屋

مخبز

パン屋

يزن

重さをはかる

خضار

野菜

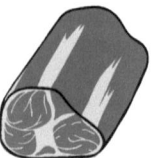

لحم

肉

المأكولات المجمّدة

冷凍食品

مرتدلا أو جبن
冷肉の薄切り

معلبات
缶詰食品

مسحوق الغسيل
洗剤

حلويات
菓子

المواد المنزلية
家庭用品

منظفات
清掃用品

بائعة
販売員

صندوق الحساب
現金箱

أمين صندوق
レジ係

قائمة المشتريات
買い物リスト

أوقات العمل
開館時刻

محفظة النقود
財布

بطاقة ائتمان
クレジットカード

حقيبة
バッグ

كيس بلاستيكي
ポリ袋

مشروبات

飲み物

ماء

水

عصير

ジュース

حليب

牛乳

كولا

コーラ

نبيذ

ワイン

بيرة

ビール

كحول

アルコール

كاكاو

ココア

شاي

紅茶

قهوة

コーヒー

قهوة إسبريسو

エスプレッソ

كابوتشينو

カプチーノ

طعام

食べ物

موزة

バナナ

تفاح

リンゴ

برتقال

オレンジ

بطيخ

メロン

ليمون

レモン

جزرة

ニンジン

ثوم

ニンニク

خيزران

竹

بصل

玉ねぎ

فِطر

キノコ

لوزيات

ナッツ

شعيرية

ヌードル

سباغيتي

スパゲッティ

أرزّ

米

سلطة

サラダ

بطاطا مقلية

フライドポテト

بطاطا مقلية

フライドポテト

بيتزا

ピザ

هامبورغر

ハンバーガー

ساندويش

サンドウィッチ

شريحة لحم مقلية

カツレツ

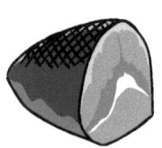

لحم خنزير

ハム

سلامي

サラミ

سجق

ソーセージ

دجاج

鶏肉

لحم محمر

焼き

سمك

魚

دقيق الشوفان

麦のお粥

موسلي

ムーズリ

كورن فلكس

コーンフレーク

طحين

小麦粉

كرواسان

クロワッサン

خبز صغير

ロールパン

خبز

パン

خبز محمص

トースト

بسكويت

ビスケット

زبدة

バター

لبن زبادي

カッテージチーズ

كعكة

ケーキ

بيضة

卵

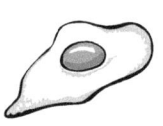

بيض مقلي

目玉焼き

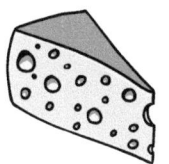

جبنة

チーズ

مثلجات

アイスクリーム

سكر

砂糖

عسل

はちみつ

مربّى الفاكهة

ジャム

كريم النوغا

ヌガークリーム

الكاري

カレー

مزرعة

農場

مخزن غلال
納屋
رزمة من التبن
ストローベール
حقل
畑
حصان
馬
مقطورة
トレーラー
مهر
子馬
جرار
トラクター
حمار
ロバ
خروف
羊
خروف
子羊

ماعز

ヤギ

بقرة

雌牛

عجل

子牛

خنزير

豚

خنزير صغير

子豚

ثور

雄牛

إوزّة

ガチョウ

بطة

アヒル

صوص

ひよこ

دجاجة

にわとり

ديك

おんどり

جرذ

ネズミ

قطّة

猫

فأر

ねずみ

ثور

雄牛

كلب

犬

كوخ الكلب

犬小屋

خرطوم الحديقة

散水ホース

إبريق

じょうろ

منجل

大鎌

المحراث

すき

منجل

草刈り鎌

معزقة

くわ

مذراة الزبل

堆肥用フォーク

بلطة

斧

عربة يد

手押し車

معلف

かいばおけ

صفيحة الحليب

牛乳缶

كيس

袋

سياج

フェンス

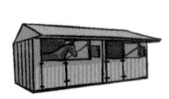

اصطبل

畜舎

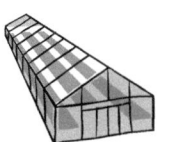

دفيئة

温室

تربة

土壌

بذور

種

سماد

肥料

حصّادة درّاسة

コンバイン

يحصد
収穫する

محصول
収穫

بطاطا يامس
ヤマイモ

قمح
小麦

صويا
大豆

بطاطا
じゃがいも

ذرة
トウモロコシ

سلجم
菜種

شجرة فاكهة
果樹

نبات منيهوت
キャッサバ

الحبوب
穀物

بيت
家

مدخنة
煙突
سقف
屋根
مزراب
排水管
نافذة
窓
جرس الباب
呼び鈴
مرآب
車庫
باب
ドア
ゴミ箱
صندوق البريد
郵便受け
حديقة
庭

غرفة جلوس

リビングルーム

الحمّام

浴室

مطبخ

台所

غرفة النوم

寝室

غرفة الأطفال

子供部屋

غرفة الطعام

ダイニング・ルーム

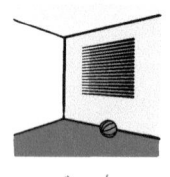

أرضية

床

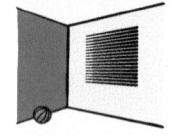

حائط

壁

سقف

天井

قبو

地下貯蔵庫

ساونا

サウナ

بلكون

バルコニー

شرفة

テラス

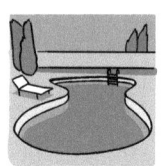

مسبح

プール

جزّازة العشب

芝刈り機

بياضات السرير

シーツ

بطانية

ベッドカバー

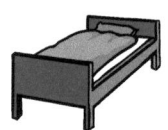

سرير

ベッド

مكنسة

ほうき

سطل

バケツ

مفتاح كهربائي

スイッチ

غرفة جلوس

リビングルーム

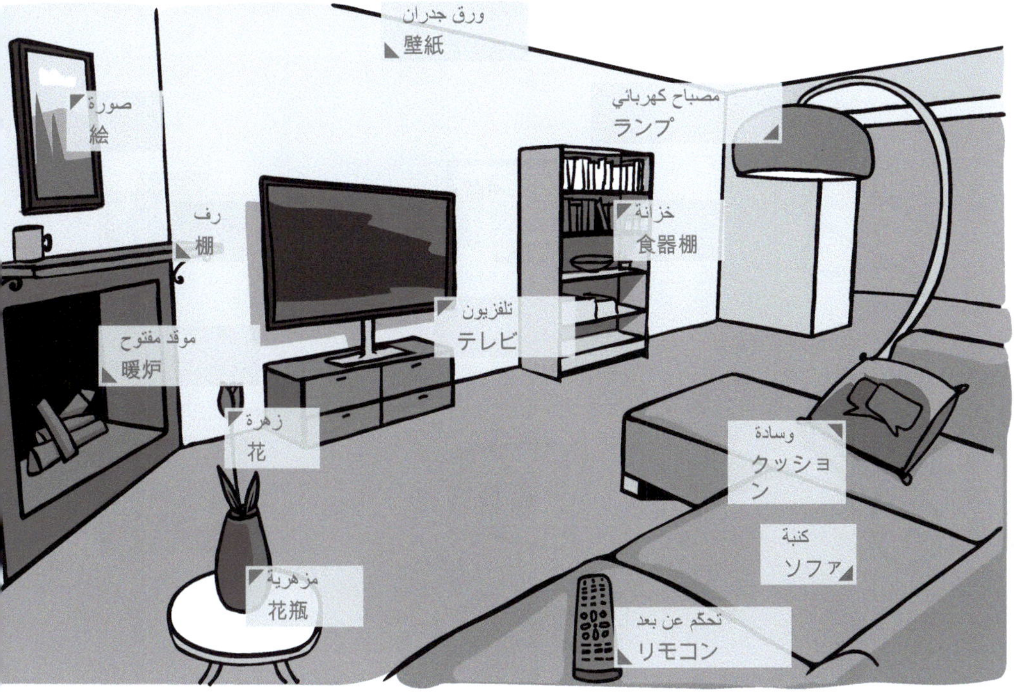

ورق جدران
壁紙
صورة
絵
مصباح كهربائي
رف
棚
خزانة
食器棚
تلفزيون
テレビ
موقد مفتوح
暖炉
زهرة
花
وسادة
クッション
كنبة
ソファ
مزهرية
花瓶
تحكم عن بعد
リモコン

بصاط

カーペット

ستارة

カーテン

طاولة

テーブル

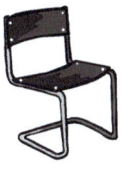

كرسي

椅子

كرسي هزّاز

ロッキングチェア

كرسي ذو ذراعين

ひじ掛け椅子

الكتاب

本

بطانية

毛布

زخرفة

飾り

الحطب

たきぎ

فيلم

映画

تجهيزات ستيريو

ステレオ

مفتاح

鍵

جريدة

新聞

لوحة مرسومة

絵画

مُلصق

ポスター

راديو

ラジオ

دفتر ملاحظات

メモ帳

المكنسة الكهربائية

掃除機

صبّار

サボテン

شمعة

ろうそく

مطبخ
台所

براد
冷蔵庫
ميكروويف
電子レンジ
ميزان المطبخ
調理用はかり
محمصة الخبز
トースター
منظفات
洗剤
فرن
オーブン
ثلاجة
冷凍室
قماما
ゴミ箱
جلاية
食器洗い機

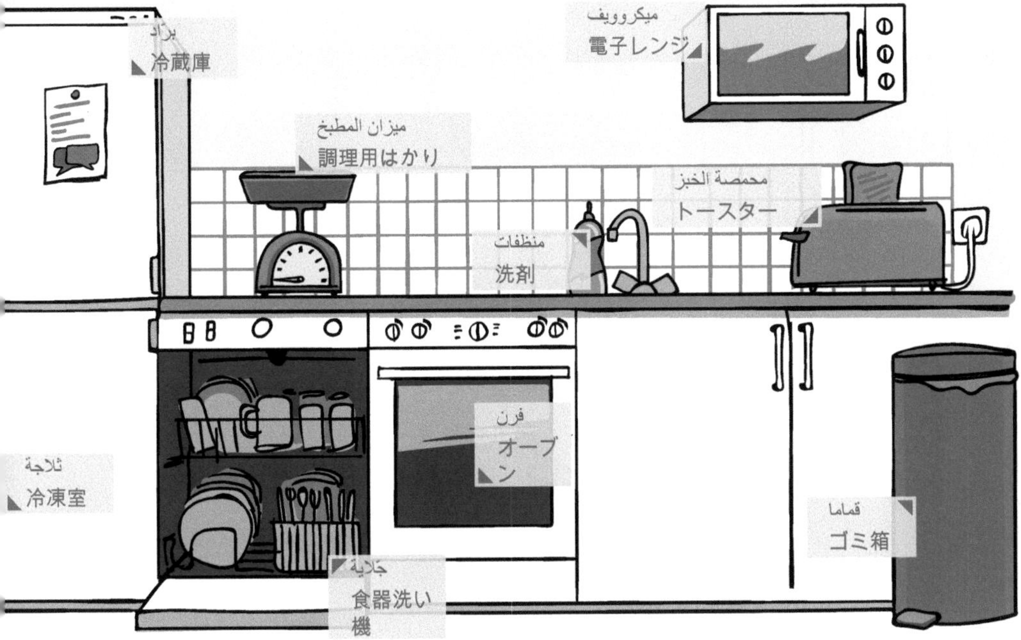

موقِد
こんろ

قِدر
鍋

وعاء من الحديد
鉄鍋

قدر صيني
中華鍋/ カダイ鍋

مقلاة
フライパン

غلاية
やかん

مطبخ - 台所

قدر البخار

蒸し器

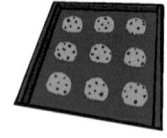

صينية

天板

أواني

食器

فنجان

マグカップ

صحن

ボウル

عيدان الأكل

箸

مغرفة

おたま

ملعقة منبسطة

へら

خفّاقة

泡立て器

مصفاة

こし器

مصفاة

ふるい

مبشرة

すりおろし器

هاون

すり鉢

شواء

バーベキュー

موقد

かまど

لوح التقطيع

まな板

نشّابة

麺棒

مفتاح الزجاجات

栓抜き

علبة

缶

مفتاح العلب المعدنية

缶切り

قماش الفرن

鍋つかみ

مجلى

流し

فرشاة

ブラシ

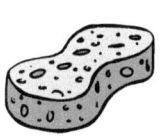

إسفنج

スポンジ

خلاط

ミキサー

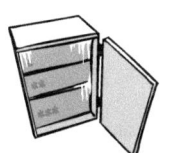

مجمّدة

冷凍庫

زجاجة الطفل

哺乳瓶

صنبور الماء

蛇口

الحمّام

浴室

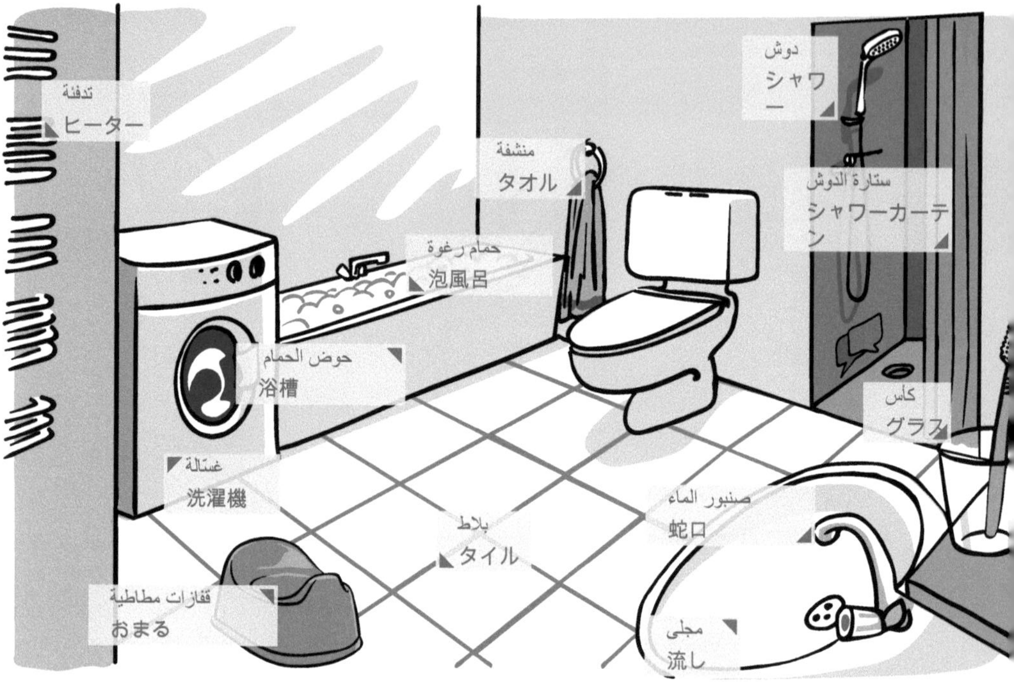

تدفئة
ヒーター
منشفة
タオル
دوش
シャワー
ستارة الدوش
シャワーカーテン
حمام رغوة
泡風呂
حوض الحمام
浴槽
غسّالة
洗濯機
بلاط
タイル
قفازات مطاطية
おまる
صنبور الماء
蛇口
كأس
グラス
مجلى
流し

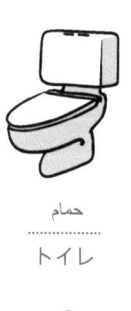

حمام

トイレ

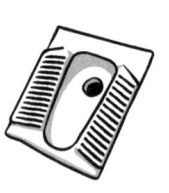

مرحاض القرفصاء

和式トイレ

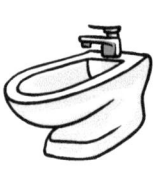

حوض التشطيف

ビデ

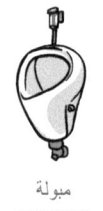

مبولة

小便器

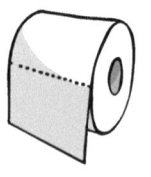

ورق المرحاض

トイレットペーパー

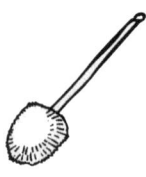

فرشاة الحمام

トイレブラシ

فرشاة الأسنان

歯ブラシ

معجون الأسنان

歯みがき

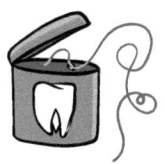

خيط حرير لتنظيف الأسنان

デンタルフロス

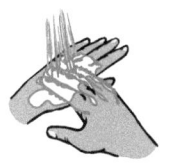

يغسل

洗う

رشاش ماء يدوي

シャワーヘッド

شطاف

ハンドビデ

حوض الغسيل

洗面台

فرشاة الظهر

ボディブラシ

صابون

石鹸

جيل الدوش

シャワー用ジェル

شامبو

シャンプー

ممسحة

浴用タオル

مصرف للماء

排水口

مرهم

クリーム

مزيل الروائح

消臭

مرآة

鏡

مرآة يد

手鏡

موس حلاقة

かみそり

رغوة الحلاقة

シェービング・フォーム

كولونيا

アフターシェーブローション

مشط

櫛

فرشاة

ブラシ

سشوار

ドライヤー

مثبت للشعر

ヘアスプレー

ماكياج

化粧

روج

口紅

طلاء أظافر

マニキュア

قطن

脱脂綿

مقص أظافر

爪切り

عطر

香水

سلة الغسيل

洗面用具入れ

مقعد صغير

スツール

ميزان

体重計

معطف الحمام

バスローブ

قفازات مطاطية

ゴム手袋

سدادة قطنية

タンポン

منشفة صحية

生理用ナプキン

تواليت كيميائية

ケミカルトイレ

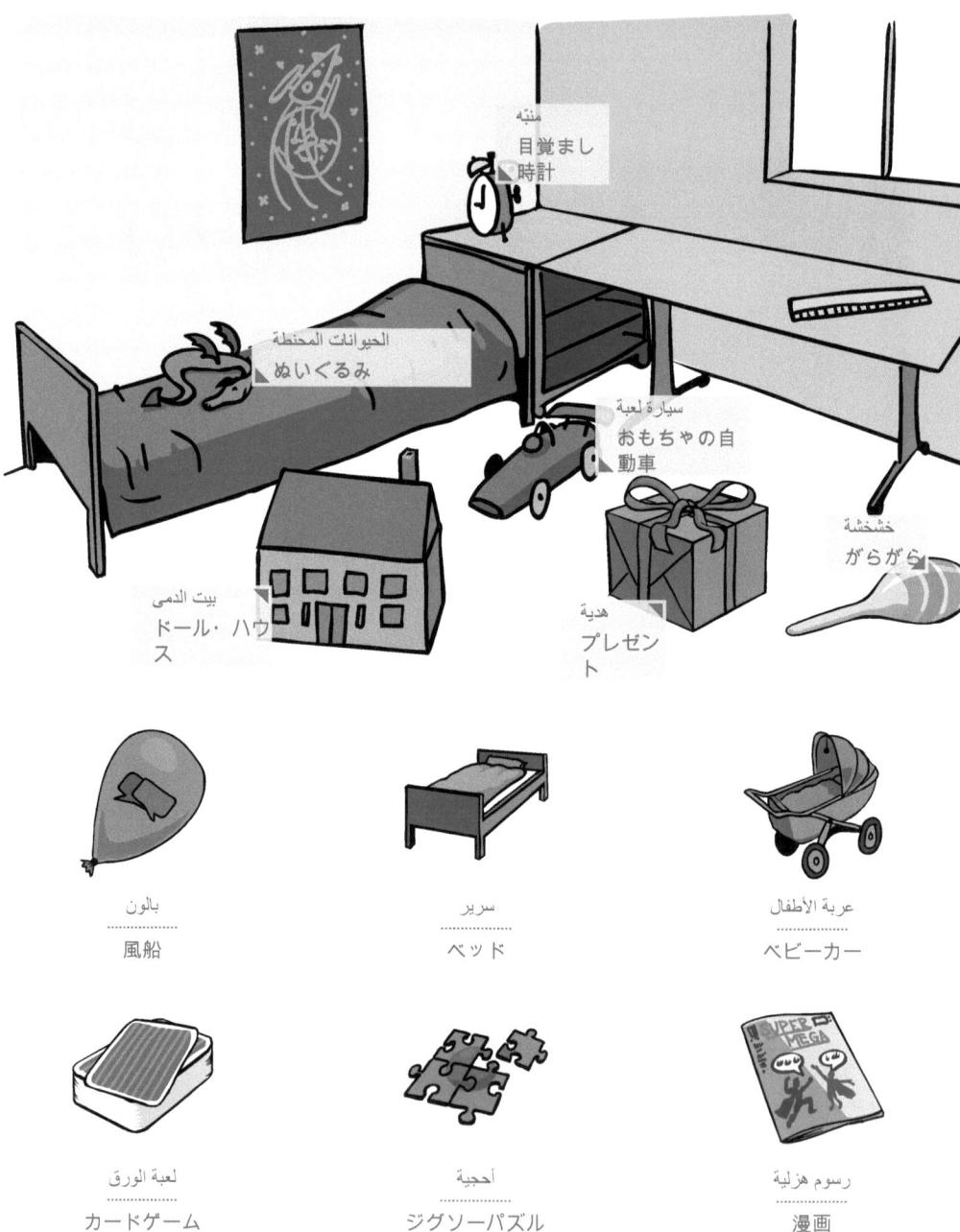

غرفة الأطفال
子供部屋

منبه
目覚まし
時計
الحيوانات المحنطة
ぬいぐるみ
سيارة لعبة
おもちゃの自
動車
خشخشة
がらがら
بيت الدمى
ドール・ハウ
ス
هدية
プレゼン
ト

بالون
風船

سرير
ベッド

عربة الأطفال
ベビーカー

لعبة الورق
カードゲーム

أحجية
ジグソーパズル

رسوم هزلية
漫画

أحجار الليغو

レゴ

حجارة تركيب

玩具ブロック

دمية بطل

アクションフィギュア

لباس الطفل

ロンパース

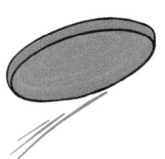

فريسبي

フリスビー

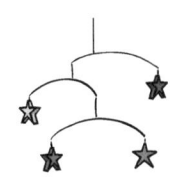

دمية معلقة

モバイル

لعبة الطاولة

ボードゲーム

لعبة النرد

さいころ

لعبة قطار

鉄道模型

مصّاصة

おしゃぶり

حفلة

パーティー

كتاب مصوّر

絵本

كرة

ボール

دمية

人形

يلعب

遊ぶ

ملعب رملي للأطفال

砂場

أرجوحة

ブランコ

لعبة

おもちゃ

ألعاب فيديو

ゲーム機

دراجة ثلاثية

三輪車

دمية على شكل الدب

テディベア

خزانة الثياب

衣装ダンス

ثياب

衣服

جوارب قصيرة

靴下

جوارب طويلة

ストッキング

جورب بنطلون

タイツ

شال
スカーフ

شمسية
雨傘

تي شيرت
Tシャツ

حزام
ベルト

حذاء شتوي
ブーツ

شبشب
スリッパ

أحذية رياضية
スニーカー

صندل
....
サンダル

حذاء
....
靴

جزمة كاوتشوك
....
ゴム長靴

سروال داخلي
....
パンツ

صدّارة
....
ブラ

قميص داخلي
....
ベスト

ثياب - 衣服　　45

لباس ملاصق للجسم

ボディースーツ

بنطلون

ズボン

جينز

ジーンズ

تنورة

スカート

بلوزة

ブラウス

قميص

シャツ

سترة قطنية

セーター

كنزة كم طويل

パーカー

سترة فضفاضة

ブレザー

سترة

ジャケット

معطف

コート

معطف مطري

レインコート

زي - طقم نسائي

服装

ثوب

ドレス

ثوب الزفاف

ウェディングドレス

طقم
スーツ

قميص نوم
ナイトガウン

بيجاما
パジャマ

ساري
サリー

حجاب
ヘッドスカーフ

عمامة
ターバン

برقع
ブルカ

قفطان
カフタン

عباءة
アバヤ

مايوه
水着

سروال سباحة
トランクス

شرت
半ズボン

بدلة رياضية
スウェットスーツ

مئزر
エプロン

قفازات
手袋

زر

ボタン

نظارة

メガネ

إسوارة

ブレスレット

عقد

ネックレス

خاتم

指輪

قرط

イヤリング

طاقيّة

帽子

علاقة ثياب

ハンガー

قبّعة

帽子

ربطة العنق

ネクタイ

سحّاب

ファスナー

خوذة

ヘルメット

حمّالة البنطلون

サスペンダー

اللباس المدرسي

制服

زي موحّد

ユニフォーム

مريلة الأطفال
よだれかけ

مصّاصة
おしゃぶり

لفافة
おむつ

مكتب
オフィス

المخدّم
サーバ
خزانة الملفات
書類キャビネット
طابعة
プリンター
ورقة
紙
شاشة
モニター
فارة
طاولة المكتب
事務机
ملف
フォルダー
لوحة المفاتيح
キーボード
كرسي
椅子
قماما
ごみ箱
حاسوب
コンピューター

كأس من القهوة
コーヒーマグ

الآلة الحاسبة
計算機

الإنترنت
インターネット

الحاسوب المحمول

ラップトップ

رسالة

手紙

خبر

メッセージ

الهاتف المحمول

携帯電話

شبكة

ネットワーク

جهاز تصوير

コピー機

البرمجيات

ソフトウェア

هاتف

電話

مقبس كهربائي

コンセント

فاكس

ファックス

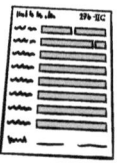

استمارة

フォーム

وثيقة

書類

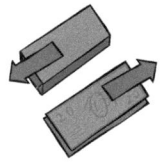

اقتصاد
経済

يشتري

買う

يدفع

支払う

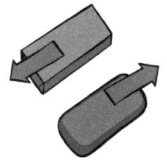

يتاجر

取引する

مال

お金

دولار

ドル

يورو

ユーロ

ين

円

روبل

ルーブル

فرنك سويسري

スイスフラン

يوان

人民元

روبية

ルピー

صرّاف آلي

キャッシュポイント

مكتب صرافة

両替所

ذهب

金

فضة

銀

نفط

油

طاقة

エネルギー

سعر

価格

عقد

契約

ضريبة

税金

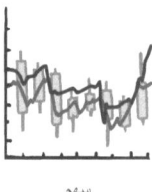

سهم

株

يعمل

働く

موظف

従業員

رب العمل

雇用主

مصنع

工場

متجر

ショップ

المِهَن
職業

الشرطي
警察官
رجل إطفاء
消防士
طبّاخ
コック
الطبيب
医師
طيّار
パイロット

بستاني

庭師

نجّار

大工

خيّاطة

お針子

قاض

裁判官

كيميائي

化学者

ممثّل

俳優

سائق حافلة

バスの運転手

سائق تاكسي

タクシー運転手

صياد سمك

漁師

أجيرة للتنظيف

掃除婦

بنّاء سقف

屋根ふき職人

نادل

ウェイター

صيّاد

ハンター

رسّام

塗装工

خباز

パン屋

كهربائي

電気工

عامل بناء

建設作業員

مهندس

エンジニア

لحّام

肉屋

سمكري

配管工

ساعي البريد

郵便配達人

جندي

軍人

مهندس معماري

建築家

أمين صندوق

レジ係

بائع الزهور

花屋

حلاق

美容師

مراقب القطار

車掌

ميكانيكي

機械工

قبطان

キャプテン

طبيب أسنان

歯科医

رجل العلم

科学者

حاخام

ラビ

إمام

イスラム導師

راهب

修道士

كاهن

牧師

عدة عمل

道具

مطرقة
ハンマ
كمّاشة
くぎ抜き
مفك البراغي
ドライバー
مفتاح ربط
スパナ
مصباح يد
懐中電灯

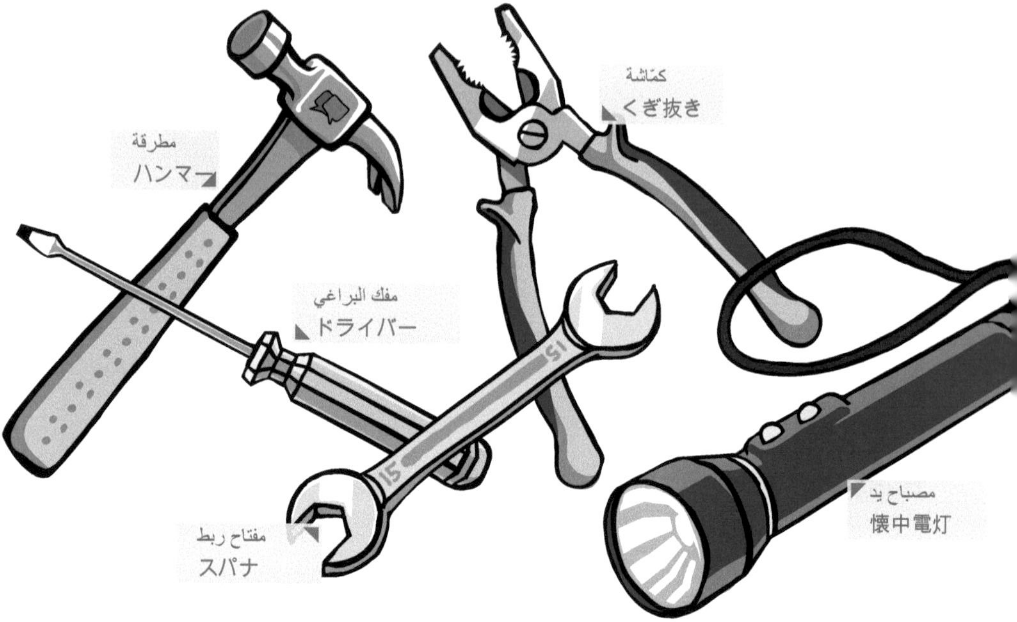

جرافة

掘削機

صندوق العدة

道具箱

سلّم

はしご

منشار

のこぎり

مسامير

釘

مثقب

ドリル

يصلح
....
修理する

مجرفة
....
シャベル

اللعنة
....
クソ！

لقاطة الكناسة
....
ちりとり

سطل الألوان
....
ペンキ缶

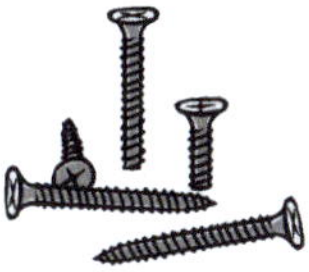

براغي
....
ネジ

آلات موسيقية
楽器

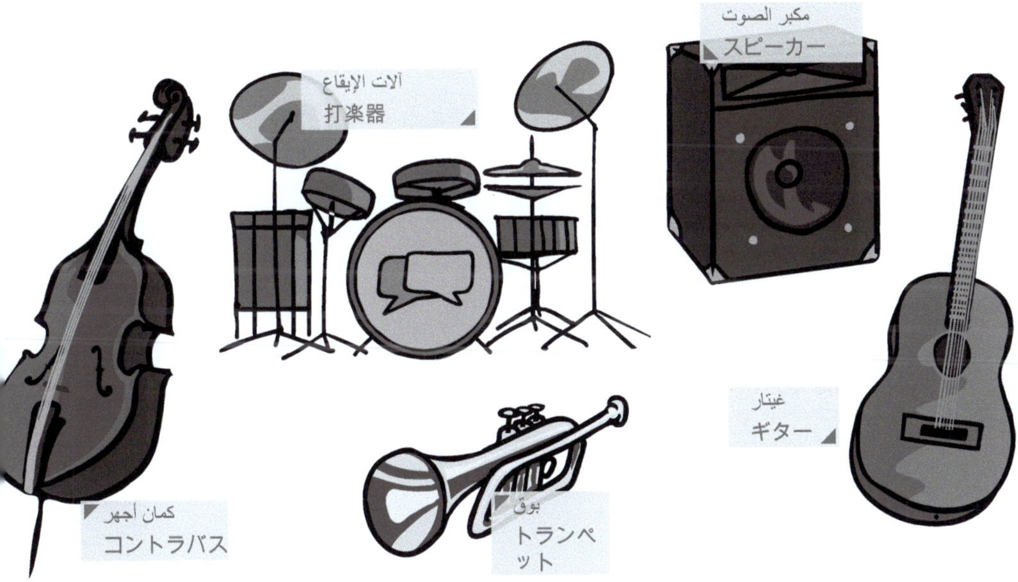

مكبر الصوت
スピーカー

آلات الإيقاع
打楽器 ◢

غيتار
ギター ◢

كمان أجهر
コントラバス

بوق
トランペット

بيانو

ピアノ

كمنجة

バイオリン

جهير

バス

طبل كبير

ティンパニ

طبل

ドラム

بيانو كهربائي

キーボード

ساكسوفون

サックス

ناي

フルート

ميكروفون

マイクロフォン

حديقة حيوانات
動物園

مدخل
入口
نمر
虎
قفص
おり
حمار الوحش
シマウマ
علف للحيوانات
飼料
دب باندا
パンダ

حيوانات

動物

فيل

象

كنغر

カンガルー

وحيد القرن

サイ

غوريلا

ゴリラ

دب

熊

جمل

ラクダ

نعامة

ダチョウ

أسد

ライオン

قرد

猿

طائر فلامينغو

フラミンゴ

ببغاء

オウム

دب قطبي

白クマ

بطريق

ペンギン

سمك القرش

サメ

طاووس

クジャク

أفعى

蛇

تمساح

ワニ

حارس في حديقة الحيوان

飼育係

عجل البحر

アザラシ

نمر أمريكي مرقط

ジャガー

فرس قزم
....
ポニー

نمر
....
ヒョウ

فرس النهر
....
カバ

زرافة
....
キリン

نسر
....
鷲

خنزير برّي
....
雄豚

سمك
....
魚

سلحفاة
....
亀

حيوان فظ البحري
....
セイウチ

ثعلب
....
狐

غزال
....
ガゼル

كرة القدم الأمريكية
アメフト

ركوب الدراجات
サイクリング

كرة التنس
テニス

كرة السلة
バスケットボール

السباحة
水泳

هوكي الجليد
アイスホッケー

الملاكمة
ボクシング

كرة القدم
サッカー

الريشة الطائرة
バドミントン

ألعاب القوى الخفيفة
陸上競技

كرة اليد
ハンドボール

التزلج على الثلج
スキー

بولو
ポロ

يقفز
跳ぶ
يعانق
抱きしめる
يضحك
笑う
يمشي
歩く
يغني
歌う
يحلم
夢見る
يصلي
祈る
يقبل
キス

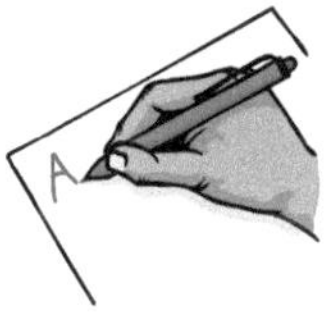

يكتب

書く

يرسم

描く

يُري

示す

يدفع

押す

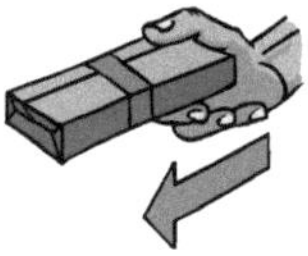

يعطي

与える

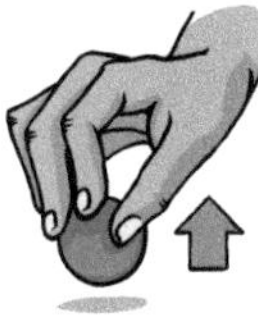

يأخذ

取る

يملك

持っている

يعمل

する

يوجد

ある

يقف

立つ

يركض

走る

يسحب

引く

يرمي

投げる

يقع

落ちる

يستلقي

横たわっている

ينتظر

待つ

يحمل

運ぶ

يجلس

座る

يلبس

着る

ينام

眠る

يستيقظ

目が覚める

ﻳﻨﻈﺮ ﺇﻟﻰ ..

見る

ﻳﺒﻜﻲ

泣く

ﻳﻤﺴّﺪ

なでる

ﻳﻤﺸّﻂ

櫛ですく

ﻳﺘﻜﻠﻢ

話す

ﻳﻔﻬﻢ

理解する

ﻳﺴﺎﻝ

質問する

ﻳﺴﻤﻊ

聞く

ﻳﺸﺮﺏ

飲む

ﻳﺄﻛﻞ

食べる

ﻳﺮﺗﺐ

片づける

ﻳﺤﺐ

愛する

ﻳﻄﺒﺦ

料理する

ﻳﻘﻮﺩ

運転する

ﻳﻄﻴﺮ

飛ぶ

يبحر بزورق شراعي

ヨットに乗る

يحسب

計算する

يقرأ

読む

يتعلم

学ぶ

يعمل

働く

يتزوج

結婚する

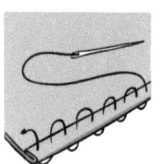

يخيط

縫う

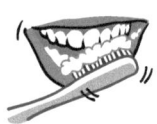

ينظف أسنانه

歯を磨く

يقتل

殺す

يدخن

喫煙する

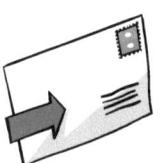

يرسل

送る

عائلة
家族

جدّة
祖母
جدّ
祖父
أب
父
أم
母
الطفل
赤ん坊
ابنة
娘
ابن
息子

ضيف

お客様

عمّة / خالة

おば

عمّ / خال

おじ

أخ

兄弟

أخت

姉妹

الجسم
体

الجبين
ひたい
العين
目
الكتف
肩
الإصبع
指
الوجه
顔
الذقن
あご
اليد
手
الساق
脚
الصدر
胸
الذراع
腕

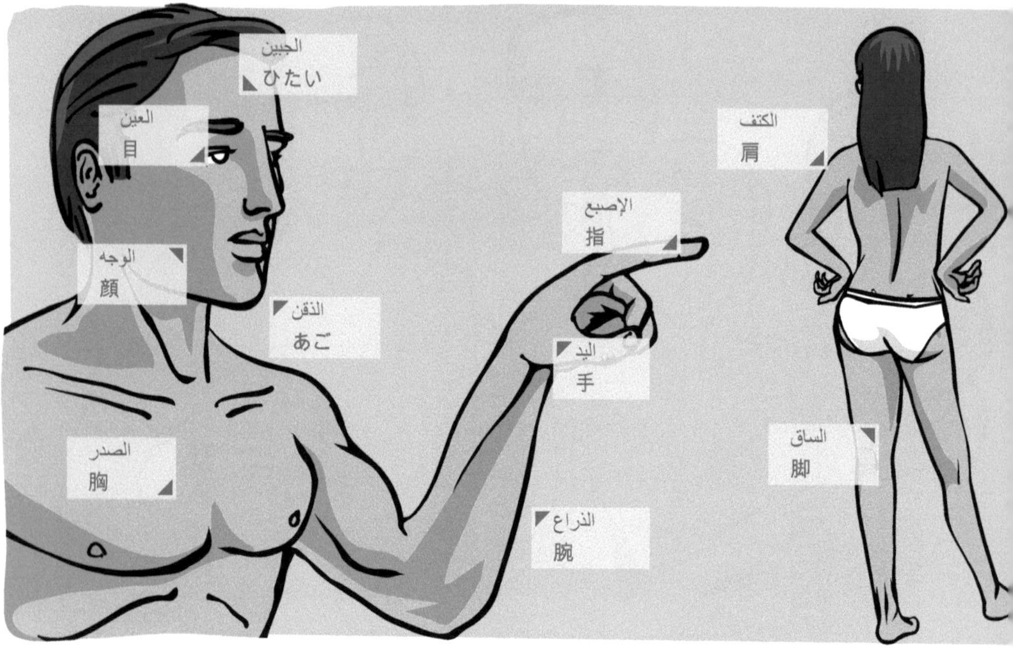

الطفل

赤ん坊

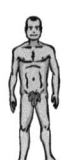

الرجل

男性

المرأة

女性

البنت

少女

الولد

少年

الرأس

頭

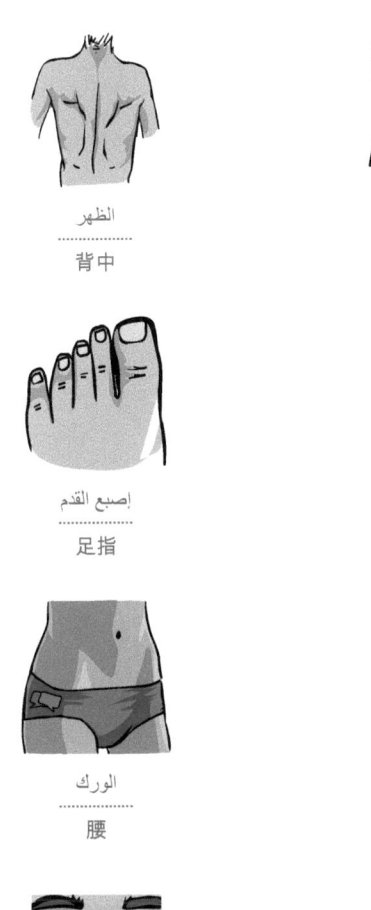

الظهر

背中

البطن

腹

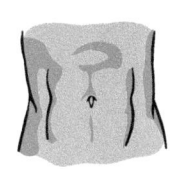

السرّة

へそ

إصبع القدم

足指

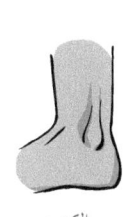

الكعب

かかと

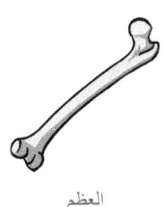

العظم

骨

الورك

腰

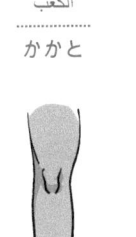

الركبة

ひざ

المِرفق

ひじ

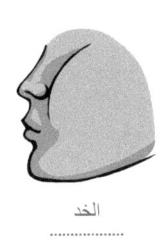

الأنف

鼻

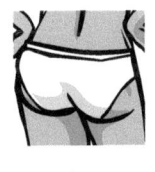

العَجُز

尻

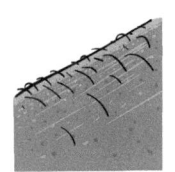

البشرة

皮膚

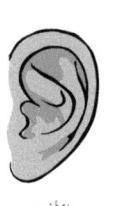

الخد

頬

الأذن

耳

الشفة

唇

الفم

口

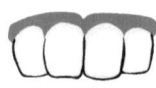

السن

歯

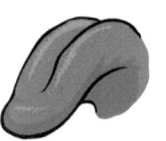

اللسان

舌

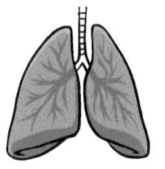

الدماغ

脳

القلب

心臓

العضلة

筋肉

الرئة

肺

الكبد

肝臓

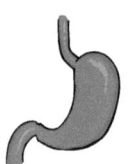

المعدة

胃

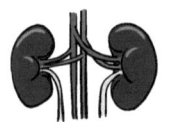

الكِلى

腎臓

الاتصال الجنسي

セックス

الواقي المطاطي

コンドーム

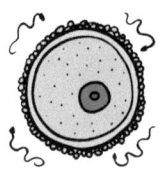

البويضة

卵細胞

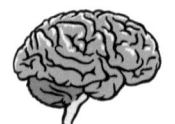

المنيّ

精液

الحمل

妊娠

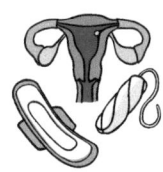

الحيض

月経

المهبل

膣

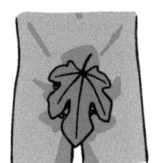

القضيب

ペニス

الحاجب

眉

الشعر

髪

الرقبة

首

المستشفى
病院

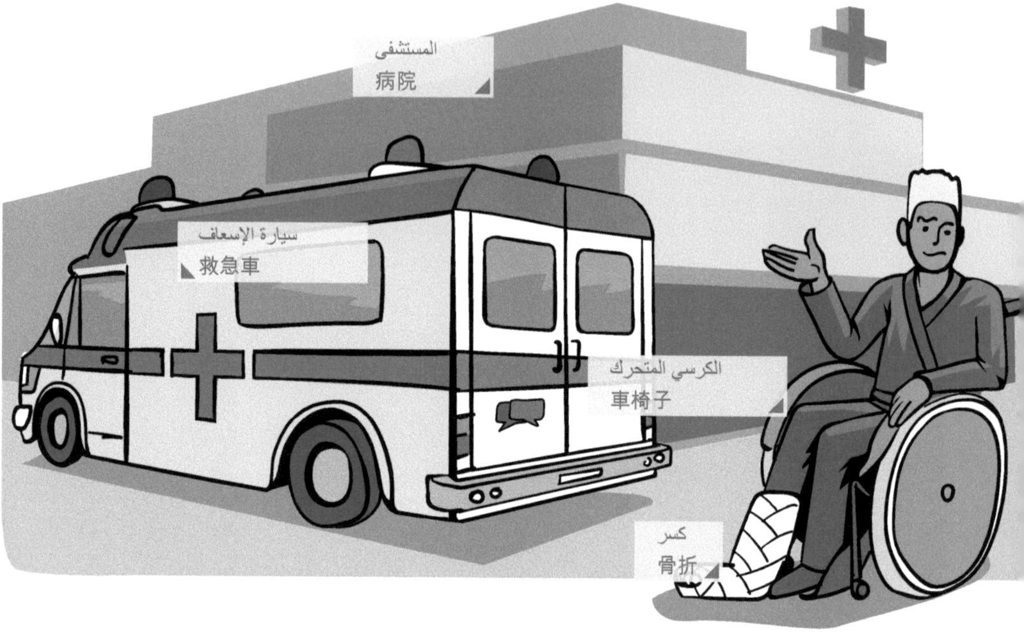

المستشفى
病院
سيارة الإسعاف
救急車
الكرسي المتحرك
車椅子
كسر
骨折

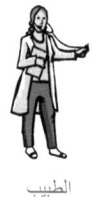

الطبيب

医師

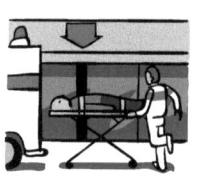

غرفة الإسعاف

救急治療室

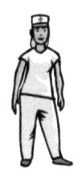

الممرضة

看護師

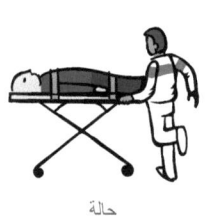

حالة

救急

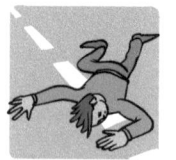

مغمى عليه

失神

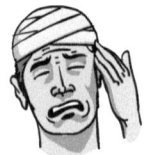

الألم

痛み

إصابة

けが

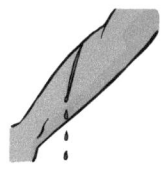

النزيف

出血

احتشاء القلب

心臓発作

جلطة

脳卒中

حسسية

アレルギー

السعال

咳

الحُمّى

熱

إنفلونزا

インフルエンザ

الإسهال

下痢

وجع الرأس

頭痛

السرطان

癌

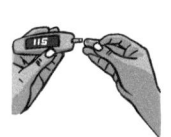

مرض السكر

糖尿病

جرّاح

外科医

مبضع

外科用メス

عملية

手術

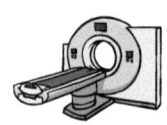

سيتي سكان

CT

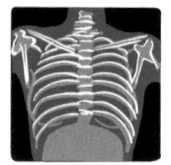

الأشعة السينية

レントゲン

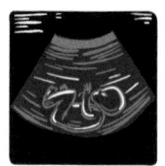

فوق الصوتي

超音波

القناع

マスク

المرض

病気

غرفة الانتظار

待合室

العُكاز

松葉づえ

شريط لاصق

ばんそうこう

ضماد

包帯

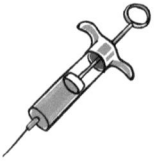

حقنة

注射

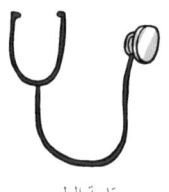

سمّاعة الطبيب

聴診器

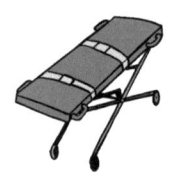

نقالة

担架

ميزان حرارة

体温計

ولادة

出産

وزن زائد

肥満

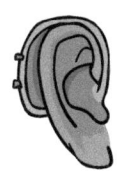

جهاز السمع
補聴器

المواد المعقمة
消毒剤

عدوى
感染

فيروس
ウイルス

الإيدز
HIV / エイズ

الطب
内服薬

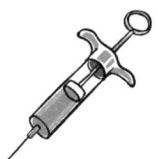

اللقاح
予防接種

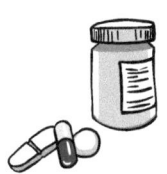

أقراص الدواء
錠剤

حبّة الدواء
ピル

نداء النجدة
緊急電話

مقياس ضغط الدم
血圧計

مريض / صحيح
病気の ／ 健康な

救急

النجدة!

助けて！

إنذار

アラーム

اعتداء

暴行

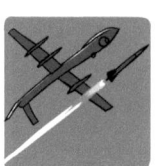

هجوم

攻撃

خطر

危険

مخرج طوارئ

非常口

حريق!

火事だ！

جهاز الإطفاء

消火器

حادث

事故

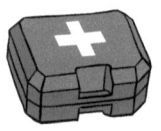

حقيبة الإسعاف الأولي

救急箱

أنقذونا

SOS

الشرطة

警察

أرض

地球

أوروبا

ヨーロッパ

أمريكا الشمالية

北米

أمريكا الجنوبية

南米

أفريقيا

アフリカ

آسيا

アジア

أستراليا

オーストラリア

المحيط الأطلسي

大西洋

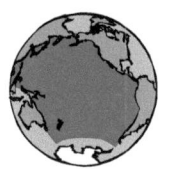

المحيط الهادي

太平洋

المحيط الهندي

インド洋

المحيط المتجمد الجنوبي

南極海

المحيط المتجمد الشمالي

北極海

القطب الشمالي

北極

أرض

地球

منطقة القطب الجنوبي

南極大陸

القطب الجنوبي

南極

جزيرة

島

بحر

海

بر

陸

دولة

国家

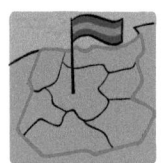

أمة

国家

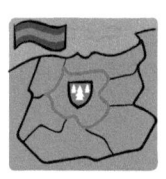

ساعة

時計

ميناء الساعة

文字盤

عقرب الساعات

短針

عقرب الدقائق

長針

عقرب الثواني

秒針

كم الساعة الآن؟

何時ですか？

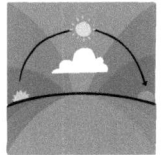

يوم

日

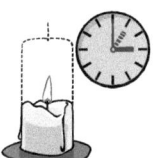

زمن

時間

الآن

現在

ساعة رقمية

デジタル時計

دقيقة

分

ساعة

時間

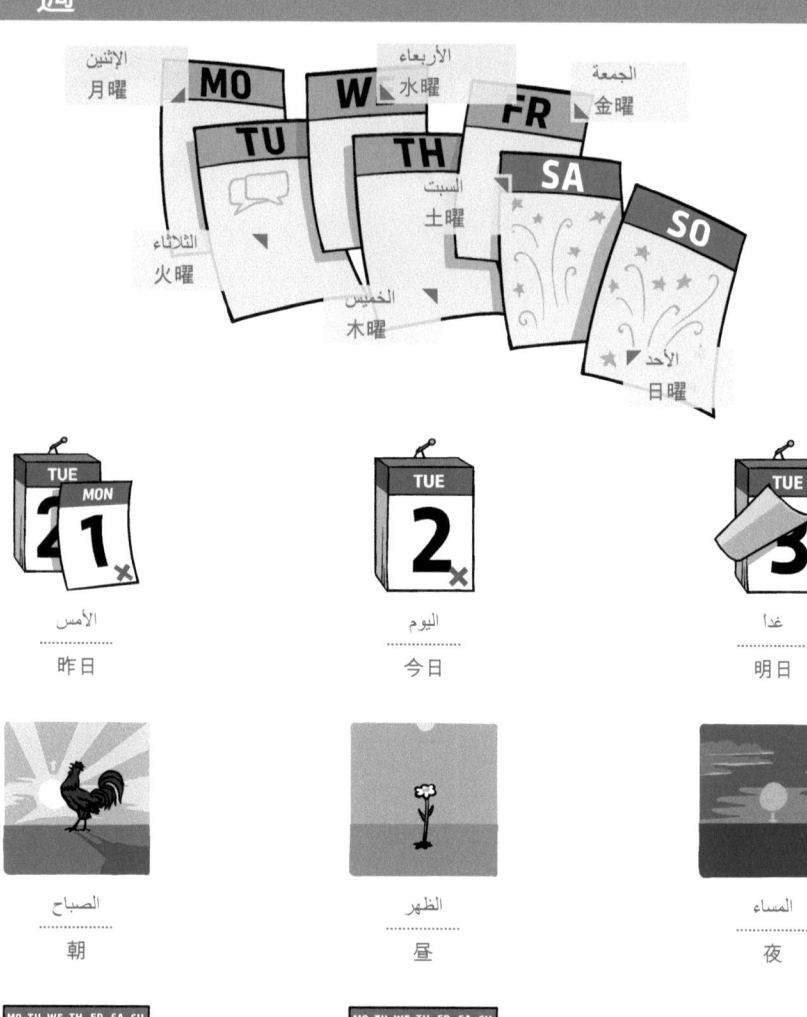

أسبوع

週

الإثنين
月曜
TU
الثلاثاء
火曜
الأربعاء
水曜
الخميس
木曜
الجمعة
金曜
السبت
土曜
الأحد
日曜

الأمس

昨日

اليوم

今日

غداً

明日

الصباح

朝

الظهر

昼

المساء

夜

أيام العمل

営業日

نهاية الأسبوع

週末

مطر
雨
قوس قزح
虹
ريح
風
ثلج
雪
الربيع
春
الخريف
秋
الصيف
夏
الشتاء
冬

4.APRIL 11°
5.APRIL 4°
6.APRIL 13°
7.APRIL 8°
8.APRIL 10°

التنبؤ بالحالة الجوية

天気予報

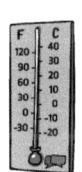

مقياس حرارة

温度計

ضوء الشمس

日差し

سحابة

雲

ضباب

霧

رطوبة الجو

湿度

برق
雷

رعد
雷

عاصفة
嵐

بَرَد
ひょう

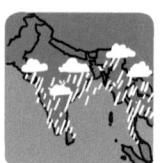

ريح موسمية
季節風

طوفان
洪水

جليد
氷

كانون الثاني / يناير
1月

شباط / فبراير
2月

آذار / مارس
3月

نيسان / أبريل
4月

أيار / مايو
5月

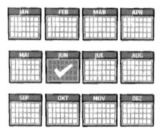

حزيران / يونيو
6月

تموز / يوليو
7月

آب / أغسطس
8月

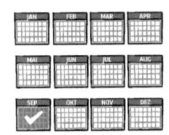

أيلول / سبتمبر

9月

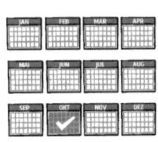

تشرين الأول / أكتوبر

10月

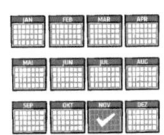

تشرين الثاني / نوفمبر

11月

كانون الأول / ديسمبر

12月

أشكال

形

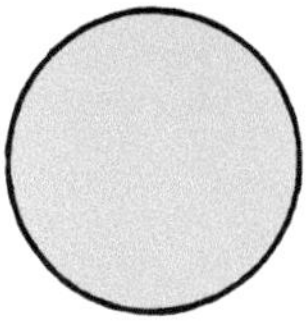

دائرة

円

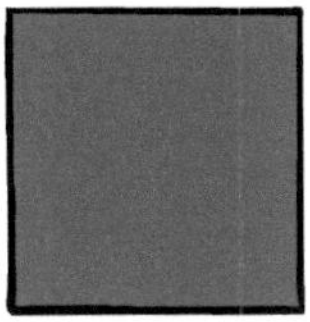

مربّع

正方形

مستطيل

長方形

مثلّث

三角

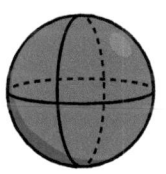

كرة

球

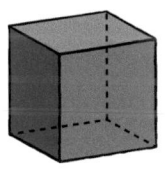

مكعب

立方体

ألوان
色

أبيض

白

أصفر

黄

برتقالي

オレンジ

وردي

ピンク

أحمر

赤

بنفسجي

紫

أزرق

青

أخضر

緑

بنّي

茶

رمادي

灰色

أسود

黒

الأضداد
反対

كثير / قليل

多い / 少ない

غضبان / هادئ

怒っている / 落ち着いている

جميل / قبيح

美しい / 醜い

بداية / نهاية

初め / 終わり

كبير / صغير

大きい / 小さい

فاتح / قاتم

明るい / 暗い

أخ / أخت

兄弟 / 姉妹

نظيف / وسخ

清潔な / 汚い

كامل / ناقص

完全な / 不完全な

نهار / ليل

日中 / 夜

ميت / حيّ

死んだ / 生きている

عريض / ضيّق

幅広い / 狭い

صالح للأكل / غير صالح

....

食べられる / 食べられない

شرّير / لطيف

....

悪意のある / 親切な

مثير / ممل

....

興奮している / 退屈している

سمين / نحيف

....

太った / 痩せた

أولاً / أخيراً

....

最初に / 最後に

صديق / عدو

....

友人 / 敵

مليء / فارغ

....

いっぱいの / 空の

صلب / ليّن

....

硬い / 柔らかい

ثقيل / خفيف

....

重い / 軽い

جوع / عطش

....

空腹 / 喉の渇き

مريض / صحيح

....

病気の / 健康な

غير شرعي / شرعي

....

違法な / 合法な

ذكي / غبي

....

賢い / 愚かな

يسار / يمين

....

左に / 右に

قريب / بعيد

....

近い / 遠い

جديد / مستعمل

新しい / 中古の

لا شيء / بعض الشيء

何もない / 何かある

مسن / شاب

老いた / 若い

يشعل / يطفئ

オン / オフ

مفتوح / مغلق

開いている / 閉まっている

خافت / عالٍ

静かな / うるさい

غني / فقير

裕福な / 貧乏な

صح / خطأ

正しい / 間違っている

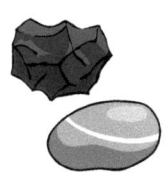

أحرش / املس

粗い / なめらか

حزين / سعيد

悲しい / 幸せな

قصير / طويل

短い / 長い

بطيء / سريع

ゆっくり / 速い

مبلول / جاف

濡れた / 乾いた

ساخن / بارد

温かい / 冷たい

حرب / سلم

戦争 / 平和

أرقام
数

0

صفر

ゼロ

1

واحد

1

2

اثنان

2

3

ثلاثة

3

4

أربعة

4

5

خمسة

5

6

ستة

6

7

سبعة

7

8

ثمانية

8

9

تسعة

9

10

عشرة

10

11

أحد عشر

11

12	13	14
اثنا عشر	ثلاثة عشر	أربعة عشر
12	13	14
15	16	17
خمسة عشر	ستة عشر	سبعة عشر
15	16	17
18	19	20
ثمانية عشر	تسعة عشر	عشرون
18	19	20
100	1.000	1.000.000
مائة	ألف	مليون
100	1000	100万

اللغات
言語

الإنكليزية

英語

الإنكليزية الأمريكية

アメリカ英語

لغة ماندارين الصينية

中国標準語

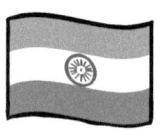

الهندية

ヒンディー語

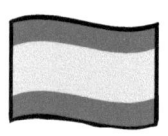

الإسبانية

スペイン語

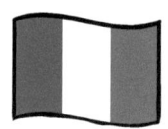

الفرنسية

フランス語

العربية

アラビア語

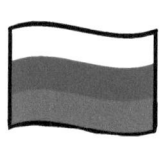

الروسية

ロシア語

البرتغالية

ポルトガル語

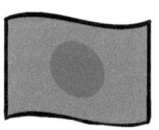

البنغالية

ベンガル語

الألمانية

ドイツ語

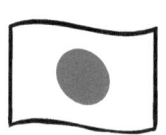

اليابانية

日本語

من / ماذا / كيف
誰 / 何 / どう

أنا
私

أنت
あなた

هو / هي
彼 / 彼女 / それ

نحن
私たち

أنتم
あなたたち

هم
彼ら

من؟
誰？

ماذا؟
何？

كيف؟
どうやって？

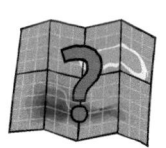

أين؟
どこ？

متى؟
いつ？

اسم
名前

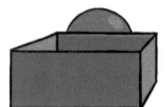

أين

どこ

خلف

後ろ

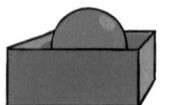

في

中

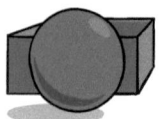

أمام

前

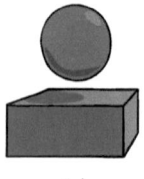

فوق

上

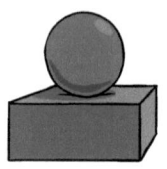

على

上

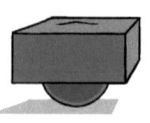

تحت

下

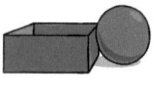

جنب

横

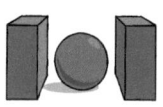

بين

間

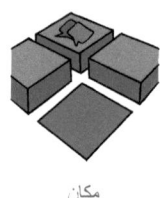

مكان

場所